# BEI GRIN MACHT SICH IHR WISSEN BEZAHLT

**Christian Graf**

# Chernoff Faces

**Eine ikonenbasierte Visualisierungstechnik**

GRIN Verlag

**Bibliografische Information der Deutschen Nationalbibliothek:**

Die Deutsche Bibliothek verzeichnet diese Publikation in der Deutschen National-
bibliografie; detaillierte bibliografische Daten sind im Internet über http://dnb.d-
nb.de/ abrufbar.

**Impressum:**

Copyright © 2000 GRIN Verlag GmbH
Druck und Bindung: Books on Demand GmbH, Norderstedt Germany
ISBN: 978-3-640-63496-5

**Dieses Buch bei GRIN:**

http://www.grin.com/de/e-book/135988/chernoff-faces

**GRIN - Your knowledge has value**

Der GRIN Verlag publiziert seit 1998 wissenschaftliche Arbeiten von Studenten, Hochschullehrern und anderen Akademikern als eBook und gedrucktes Buch. Die Verlagswebsite www.grin.com ist die ideale Plattform zur Veröffentlichung von Hausarbeiten, Abschlussarbeiten, wissenschaftlichen Aufsätzen, Dissertationen und Fachbüchern.

**Besuchen Sie uns im Internet:**

http://www.grin.com/

http://www.facebook.com/grincom

http://www.twitter.com/grin_com

# Informationsvisualisierung

# Chernoff-Gesichter

## Eine ikonenbasierte Visualisierungstechnik

Universität Magdeburg, Fakultät für Informatik

Hauptseminar „Informationsvisualisierung"

Christian Graf

Computervisualistik

# Inhalt

# 1. Einleitung

In der heutigen Welt mit ihren komplexen Zusammenhängen und mehr-
schichtigen Prozessen ist es äußerst wichtig, Verfahren zu benutzen, die
Daten adäquat repräsentieren und dem Menschen, dem letztendlichen Ent-
scheidungsträger, zugänglich machen. In diesem Papier werden wir die
Chernoff-Gesichter, eine speziellen Darstellungsform für multivariate Daten,
die zur Gruppe der ikonenbasierten Visualisierungstechniken gehört, vorstellen und uns mit ihnen auseinandersetzen. Dabei werden wir zuerst
Begriffe, den weiteren Kontext und die Idee klären, dann auf den psychologi-
schen Hintergrund eingehen, praktische Anwendungsmöglichkeiten
aufzeigen, mit einer kritischen Betrachtung der zuvor genannten Aspekte an-
schließen und die Betrachtungen mit einem Resümee enden lassen. Die
Kernfrage, die uns durch die Ausarbeitung leiten wird, ist, ob Chernoff-
Gesichter besser zur Datenanalyse geeignet sind als herkömmliche Methoden.

# 2. Begriffsklärung, Idee & Kontext

Es wird davon ausgegangen, daß dem Leser der Begriff 'Informationsvisualisierung' in seiner Definition und Abgrenzung zum Begriff 'wissenschaftliche
Visualisierung' bekannt ist (siehe dazu auch [SM00]).

### Multivariat vs. Multidimensional

Grundsätzlich wollen wir hier jedoch zur Vermeidung irreführender Ver-
wechslungen klären, was 'multivariat' im Gegensatz zu 'multidimensional'
bedeutet[1]. Mit dem Präfix 'multi' soll bei beiden Begriffen gezeigt werden,
daß es sich um eine Ansammlung von mindestens zwei Parametern handelt,
die meist vom Typ Skalar sind. Dabei zeigt multi-'dimensional' an, daß die
Variablen in einem Datensatz unabhängig sind, welches bei multi-'variat'
nicht der Fall ist. Multivariate Daten werden häufig in Tabellenform dargestellt. Sobald jedoch z.B. eine künstliche Ordnungsnummer eingeführt wird,
die unabhängig von den restlichen Variablen ist (sie hat keinen direkten oder

---

[1] folglich [SM00] S.171ff

indirekten Einfluß auf die Ausprägung der anderen Variablen), spannt sie eine neue Dimension auf. Der Systematik folgend, bezeichnet man dies als eine multivariate, multidimensionale Mischung.

## Anforderungen an die Visualisierung

Bei der Visualisierung von multivariaten Daten dürfen wichtige Zusammenhänge nicht verloren gehen, um grundlegende Fragen beantworten zu können: Welche Werte gehören zu einem Beobachtungspunkt? Welche Werte liegen für einen Beobachtungsfall vor? Welche Werte nimmt eine abhängige Variable an? Dazu gehen wir davon aus, daß alle Werte eines Beobachtungspunktes in einem Datensatz vorliegen und sich ein Beobachtungsfall aus mehreren Beobachtungspunkten zusammensetzt. Nach der Visualisierung müssen diese in einem Bild als Einheit erfaßbar sein, wobei es möglich sein muß, Beziehungen zu anderen Datensätzen aufzustellen. Interessierende Beobachtungsfälle sollten einzeln erkennbar, zumindest aber identifizierbar sein. Dazu muß natürlich die Zusammengehörigkeit von Datensätzen, die einen Beobachtungsfall bilden, ersichtlich sein. Weiterhin ist interessant, welche einzelnen Werte eine Variable annehmen kann. Also sollte durch die Visualisierung gewährleistet sein, daß dies aus dem erzeugten Bild ablesbar ist. Besonders bei großen Datenmengen ist es schwierig, allen Aspekten den gleichen Stellenwert einzuräumen. Der Nutzer muß im Mapping-Schritt (vgl. Abb.1) vorher entscheiden, welcher Zusam-

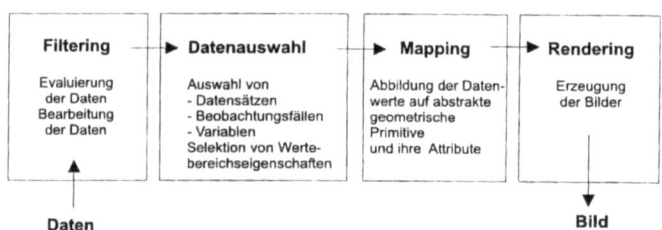

Abb.1: Visualisierungsprozeß für multivariate Daten (Quelle: [SM00] S.174)

menhang besonders betrachtet werden soll.

## Herkömmliche Methoden zur Datenanalyse

Somit sind die Grundlagen und Anforderungen und an eine Visualisierungsmethode genannt, und wir können uns kurz den herkömmliche Methoden zur

Datenanalyse widmen. Bei der explorative Datenanalyse ist man nicht so sehr an "Zusammenhängen zwischen mehreren Variablen über Personen oder Objekte hinweg interessiert, sondern daran, ob und wie sich Personen oder Objekte anhand von mehreren Variablen in Gruppen oder ,,Cluster`` unterteilen lassen"[2]. Dies wird klassischerweise mit Tabellen, einfachen Liniengrafiken und Tortendiagramme versucht. Alle haben den entschiedenen Nachteil, daß sie nur eine sehr begrenzte Anzahl von Variablen (zwei bis drei) darstellen oder dies nur auf Kosten der Erfaßbarkeit bewerkstelligen können. In diesem Zusammenhang wird auch klar, was mit dem im der Einführung benutzen Wort 'besser' in Bezug auf neuen Visualisierungsmethoden gemeint ist.

Wir werden uns in diesem Papier nicht mit Aspekten zur Klassifikation von Visualisierungstechniken, etwa Dimensionalität, Vollständigkeit und Dynamik, auseinandersetzen, sondern wollen hierzu auf einschlägige Literatur wie etwa [SM00, S.175ff] verweisen.

### Glyphen und Ikonen

Multivariate Daten lassen sich mittels Glyphen oder Ikonen darstellen. Dabei sind Glyphen graphische Primitive, "die

- exakt positioniert werden können und

- Werte von Variablen in geometrische Charakteristika wie z.B. Länge, Winkel oder Form bzw.

- in Darstellungsattribute wie Farbe oder Transparenz

verschlüsseln"[3]. Jede Ikone stellt die Werte eines Beobachtungspunkts, also einen Datensatz dar. Ähnlichkeit und Differenz in den Ausprägungen der Ikonen kann dabei helfen, wichtige Strukturen in den Originaldaten zu illustrieren [SP]. Zusätzlich kann man mit den gewonnenen Ikonen die Darstellungsfläche nach bestimmten Kriterien überdecken. Hinter diesem und verwandten Ansätzen steht der Gedanke, daß auf einfache Weise die Darstellung von mehr als zwei Dimensionen auf dem Bildschirm oder Papier ermöglicht wird und so die Informationsdichte steigt. Der Beobachter wird durch die Formwahrnehmung in der Lage versetzt, an jedem Punkt Kombi-

---

[2] [KO99] - 10.3 Chernoff-Gesichter
[3] [SM00] - 6.2.2.3 Ikonenbasierte Techniken, Seite 192

nationen von Daten zu erfassen. Mittels der Textur kann er darauf schließen, wie diese Kombinationen räumlich verteilt sind[4] und allgemeine Trends und Cluster ablesen. Damit erlaubt die geometrische Kodierung eine viel weiterreichende Ausweitung der Dimensionalität als etwa Farbe.

Das Auffinden effektiven geometrischen Kodes zur Konstruktion von Ikonen ist ein nicht-triviales Problem. An eine neue Ikone werden folgende Anforderungen[5] gestellt:

- die einzelnen Merkmale sollten gut kombinierbar und unterscheidbar sein

- Ikonen sollten separat erkennbar sein

- Ikonen sollten sich erkennbar unterscheiden, wenn die dazugehörigen Merkmalsausprägungen differieren

Je nach Anwendungsfeld oder den Präferenzen von Nutzergruppen sind bestimmte Ikonenformen mehr oder weniger gut geeignet.

## Chernoff-Gesichter

Im Jahre 1973 stellte Hermann Chernoff, von Hause aus Statistiker, eine Möglichkeit vor, mittels menschlicher Gesichter multivariate Datensätze darzustellen[6] und so die Erfassung komplexe Zusammenhänge für den Menschen zu erleichtern. Seine Idee war es, Variablen auf schematische Antlitzmerkmale abzubilden. Jeder Datensatz wird durch ein Strichmännchen-Gesicht dargestellt, so daß im Vergleich Unterschiede und Gemeinsamkeiten ersichtlich werden. Folgende Merkmale des menschlichen Gesichts wurden von ihm benutzt, um Parameterwerte darzustellen:

- Größe/Fläche des Gesichts
- Form des Gesichts
- Länge der Nase
- Positions des Mundes
- Krümmung des Mundes
- Breite des Mundes
- Position, Abstand, Winkel, Form und Breite der Augen

---

4 [CS92] - 3.2 Iconographic Data Visualization, Seite 12

5 [SM00] - 6.2.2.3 Ikonenbasierte Techniken, Seite 192

6 [CH73]

- Position der Pupillen
- Position, Winkel und Breite der Augenbrauen

<u>Abb.2:</u>  Beispiele für Chernoff-Gesichter (Quelle: [ST96] Seite 73)

Offensichtlich sind manche der Merkmale hervorstechender (siehe Kapitel 3), daher sind sie hier ihrer Bedeutung nach aufsteigend sortiert. Diese fünfzehn Attribute können auf bis zu 21 Merkmale erweitert werden[7].

# 3.  Psychologie der Gesichtswahrnehmung

Um den Ansatz von Chernoff zu verstehen und die Möglichkeiten dahinter zu erkennen, ist es unerläßlich, die menschliche Wahrnehmung näher zu untersuchen (als vertiefende Literatur sei [GO97] oder [TU83] empfohlen), besonders die von Gesichtern.

Allgemein laufen kognitiven Prozesse entweder aufmerksamkeitsgesteuert (wir müssen uns 'anstrengen' und auf ein bestimmtes Detail achten: Abb.3a) oder automatisch, also ohne unser bewußtes Zutun, ab (Abb.3b). Dieser 'präattentive' Schritt beinhaltet eine parallel Verarbeitung vieler Einzelheiten und ist damit unabhängig von der Anzahl der Objekte oder Distraktoren: der Zielreiz ist sofort erkennbar. Die Suchzeit ist nahezu konstant, ganz egal wieviele Reize dargeboten werden.[8]

Der Mensch ist seit seiner Geburt von Gesichtern umgeben und beeinflußt. Er lernt schnell, auf deren Ausprägungen zu reagieren. Schon ein Baby kann zwischen einem fremden und dem Gesicht der Mutter unterscheiden, wie Untersuchungen gezeigt haben. Es ist zu beobachten, daß ähnliche Reaktion auf die Darbietung von realen Gesichtern, Photos und Linienzeichnungen

---

[7] [McG] - III. Images and Investments, Seite 15
[8] siehe dazu auch [GO97] Seite 183-189

von Gesichtern erfolgen. Dies bildet die Grundlage für die Abstraktion, die Chernoff-Gesichter (bezeichnenderweise auch 'Cartoon'-Gesichter[9] genannt) nutzen, um uns als Erwachsene Informationen darzubieten.

Abb.3a: Vorlage für die visuelle Suchaufgabe: Das 'R' ist zwischen den Ps und Qs nicht sofort zu finden (Quelle: [GO97] Seite 186)

Abb.3b: Vorlage für die visuelle Suchaufgabe: Sie können das 'O' zwischen den Vs fast augenblicklich finden (Quelle: [GO97] Seite 186)

Die menschliche Wahrnehmung ist fähig, mehrere Attribute eines Gesichtes in eine einzelne Interpretation, einen Gesamteindruck zu integrieren ('Gestalt'-Wahrnehmung[10]). Sie ist so gut abgestimmt, daß sie auch subtile Unterschiede im Erscheinungsbild von menschlichen Gesichtern diskriminieren kann. Dabei haben Untersuchungen festgestellt, daß der Mund und die Augenregion besonders eindringlich wirken[11] und so ausschlaggebend für die Interpretation sein können. Dadurch ist auch die in Kapitel 2, Seite 6 genannte Reihenfolge begründet.

Auf die anfängliche Frage nach dem Vorteil der Chernoff-Gesichter bei der Repräsentation von komplexen Datensätzen kann an diesem Punkt nicht hinreichend geantwortet werden, da der Vergleich mit anderen Methoden noch nicht erfolgt ist. Wir haben aber schon gesehen, daß die menschliche Wahrnehmung anscheinend darauf ausgelegt ist, Gesichter besonders schnell und hinreichend differenziert zu erkennen. Als Darstellungsform multivariater Daten nutzen Chernoff-Gesichter diesen Umstand.

---

[9] [ST96] Seite 69

[10] ebd. Seite 70

[11] [EN95] Seite 97

# 4. Praktische Anwendungen

In der Literatur finden sich verschiedenste Beispiele für die mögliche praktische Verwendung von Chernoff-Gesichtern. Mittels Testserien versucht die
Wissenschaft herauszufinden, wie hilfreich und effektiv diese 'neue' Art der
Datenrepräsentation ist. Da Beispiele aus dem realen Geschäftsleben feh-
len, werden wir akademischen Versuchsreihen zur Hilfe nehmen, die jedoch
einen sehr praktischen Bezug haben, so daß man sie sich leicht in der Wirt-
schaft eingesetzt vorstellen kann.

Es gab bisher eine Reihe von Studien, die sich mit der Analyse der finan-
ziellen Situation und dem Rechnungswesen von Unternehmen (sog.
'Performanzanalysen') beschäftigten (siehe dazu auch [ST96], [McG]).

In einem ersten Versuch[12] wurden die vier wichtigsten Variablen auf Gesichter abgebildet, anstatt sie wie üblich in Tabellenform darzubieten. Die
Versuche haben gezeigt, daß mit den Chernoff-Ikonen die Fähigkeit, sich
verschlechternde ökonomische Situationen zu erkennen, steigt. Die Proban-
den ließen sich nicht mehr so leicht von zufälligen Änderungen ablenken. Die
Forscher stellten auch fest, daß sich mehr als nur eine Variable ändern muß,
bis ein signifikantes Problem erkannt wurde.

In einem zweiten Versuch[13] sollte herausgefunden werden, wie gut mit neu-
en Visualisierungsmethoden, darunter auch Chernoff-Gesichter, Fehler in
der Buchführung aufgedeckt werden können. In dem Gebiet unterschiedliche
erfahrene Studenten wurden zwei Jahre lang mit Daten in den verschiede-
nen Darstellungsarten versorgt und mußten dort die Fehler finden. Es stellte
sich heraus, daß die unerfahrenen Studenten mit den Chernoff-Gesichtern
öfter falschen Alarm gaben, dafür aber die erfahrenen der anderen Methode
schlechter umgehen konnten. Beide wurden in der gleichen Zeit fertig, ins-
gesamt jedoch um einiges schneller als mit den herkömmlichen Methoden.

Die Visualisierung mittels Chernoff-Gesichtern wurde z.B. genutzt, um den
Datenfluß in einem Computernetzwerk darzustellen und so überwachen zu
können. Dabei bezog sich die Größe der Ohren auf den Dateneingang und
die des Mundes und seiner Öffnung auf den Datenausgang. Die Augen

---

[12] [McG] - III. Images and Investments, Seite 16

[13] [BA89] und ähnlich auch [ST96], [WA79]

schauten jeweils in die Richtung, aus der am meisten Daten kamen. Ein nicht mehr funktionstüchtiger Netzwerkknoten wurde mit ausgekreuzten Augen und Mund dargestellt. So war sofort erkennbar, wo die größte Netzlast auftrat, wo Fehler lagen und wo möglicherweise der nächste Engpaß sein würde.

# 5. Vergleichende Betrachtung

In Büchern und Beiträgen, die zum Thema erschienen sind, liest man immer wieder, was die Technik der Chernoff-Gesichter alles leisten soll: "die ultimative, multivariate Technik zur Exploration, fähig, versteckte Muster von Beziehungen zwischen Variablen aufzudecken, die mit keiner anderen Technik zu finden sind"[14]. Völlig überzeugt heißt es in einer anderen Abhandlung : "Chernoff-Gesichter haben gezeigt, daß sie ein effektives Werkzeug sind, um Unterschiede in komplexen, multivariaten Datensätzen zu illustrieren."[15] Andererseits kann man auch lesen, daß "die Darstellung multivariater Daten durch Chernoff-Gesichter ... eine amüsante Möglichkeit [sei], einen ersten Eindruck von Daten zu gewinnen" [GE93]. Wir wollen nun die Frage vom Anfang aufgreifen und herausfinden, wie es um die Stärken und Schwächen des Verfahrens steht und wo es seine Grenzen hat.

### Vorteile

Die Vorteile eine Repräsentation mittels Chernoff-Gesichtern liegen hauptsächlich in der menschlichen Wahrnehmung begründet (siehe Kapitel 3). Durch die augenblickliche Verarbeitung können große Mengen von Daten analysiert und verarbeitet werden. Damit ist man nicht mehr an die klassischen 2D- oder 3D-Räume gebunden. Auch benötigt die Analyse mittels Chernoff-Gesichtern nicht unbedingt ein vorheriges Lernen oder Training, auch Anfänger können damit umgehen. Interpretationen sind ohne detaillierte Erklärung möglich.

---

[14] [SS97] Original: 'ultimate exploratory multivariate technique that is capable of revealing hidden patterns of interrelations between variables that cannot be uncovered by any other technique'

[15] ebd. Original: 'Chernoff faces have proven to be an effective tool for illustrating differences in complex multivariate datasets'

Mona Lisa Gesichter als visuelle Repräsentation von Eigenschaften ausgewählter Städte der USA (Orig.:
[SM00] Seite 198)

Eine weitere Stärke von Chernoff-Gesichtern ist die hohe Kondensation von
Daten auf einen sehr begrenzten Bereich. Eine separate Darstellung jeden
Datensatzes ist dennoch gewährleistet[16]. Relativ viele Ausprägungen von
Variablen können einfach, kompakt und für jeden verständlich in einer einzi-
gen Ikone dargestellt werden. Diese kann dann sowohl einzeln betrachtet als
auch z.B. mit anderen verglichen werden. Oder sie wird ihrerseits frei oder
gebunden an eine Variable, die eine weitere Dimension aufspannt, im Beob-
achtungsraum positioniert (siehe Abb.4). So illustriert sie die Abhängigkeit
zwischen multivariaten und multidimensionalen Daten. Mittels der Darstellung viele Gesichter werden Parameterzusammenhänge und Gruppierungen
ersichtlich, die sonst nicht zu tage getreten wären (siehe Abb.5).

---

[16] zu Grenzfällen später mehr

Hinzu kommt, daß die Art der Repräsentation interessant ist, Aufmerksamkeit erzeugt und emotionale Reaktionen auslöst, was ihre Gesamtwirkung verbessert und so bei anderen Glyphen nicht zu finden ist[17]. Vielfaches Anschauen von Datentabellen ist langweilig und ermüdend, dagegen können Chernoff-Gesichter die Datenverarbeitung angenehmer machen. Die Entscheidungen fallen akkurater aus, sind leichter und können länger durchgeführt werden. Die Kommunikation sonst trockener Zahlenkolonnen ist in Form von Gesichtern einfacher und die Gegenseite kann sie schneller aufnehmen. Menschliche Gesichter haben zusätzlich die Eigenschaft, daß sie Intentionen verraten und so möglicherweise Trends anzeigen, was in tabellarischen Repräsentationen nicht so einfach möglich ist.

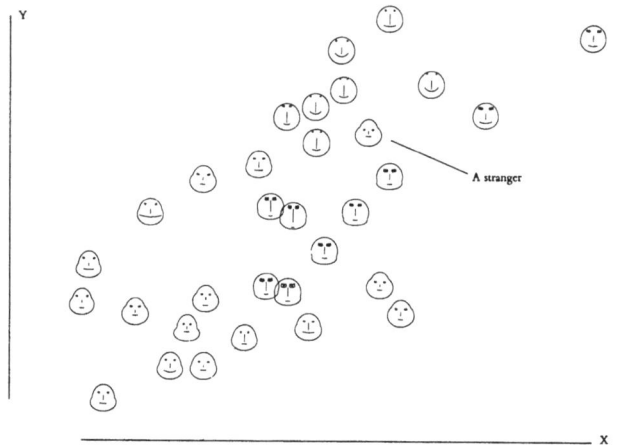

Abb.5: eine Kombination aus Chernoff-Gesichtern und Scatterplot: erkennbar das Element, das offensichtlich nicht die Ausprägungen der es umgebenden Elemente trägt, 'ein Fremder'

Nachdem wir soeben die positiven Eigenschaften und Vorteile besprochen haben, sollen die Probleme nicht verschwiegen werden.

**Kritik**

Bei der Einführung und Anwendung eines bestimmten Verfahrens spielt es natürlich eine Rolle, wie dieses angenommen wird. Aufgrund der Neuheit

---

[17] [ST96] - Literature review, Seite 70

des Ansatzes und der durch die Gesichter induzierten Emotionen hat Chernoffs Ansatz noch die Gunst der Benutzer zu gewinnen, bevor er voll akzeptiert wird [ST96]. Doch dies ist kein der Chernoff-Ikone inhärentes Problem, sondern vielmehr ein generelles.

In die gleiche Kategorie fällt auch, will man Chernoff-Gesichter mit anderen Repräsentationsmethoden vergleichen, daß sie nicht direkt vergleichbar sind: Chernoffs Methode ist die einzige, die auf die mnemonischen Fähigkeiten der menschlichen Wahrnehmung angewiesen ist und diese auch intensiv nutzt [ST96]. Somit kann ein Vergleich nur über das Endergebnis geschehen, respektive Erkennungs- und Entscheidungsraten, der Prozeß selbst läßt sich nicht gegenüberstellen.

Die Handhabung von Chernoff-Gesichtern ist nicht trivial. Das Hauptproblem besteht darin, die Variablen 'richtig' den Gesichtsattributen zuzuordnen. Dies erfordert viel Probierarbeit, denn es hat sich gezeigt, daß es einen großen Unterschied dafür macht, ob Unterschiede erkannt werden oder nicht. Diese Zuordnung ist natürlich in erster Linie subjektiv und nicht konsistent für alle Nutzer [CE98], beeinflußt jedoch das Aussehen des Gesichtes so sehr, daß Fehlerraten von bis zu 25% bei Klassifikationsaufgaben auftreten können [YO]. Die Einordnung als 'ziemlich gleich' hängt stark von der Zuordnung der Variablen auf die spezifischen Merkmale ab, sie beeinflußt also den wahrgenommenen Unterschied: spezifische Gesichter hinterlassen eher einen negativen oder positiven Eindruck als die Rohdaten vermuten lassen [WB01]. Diese emotionale Komponente kann die Evaluation beeinträchtigen und ist der Methode inhärent. Dadurch wird die Validität des Verfahrens reduziert, was die Brauchbarkeit als Entscheidungshilfe einschränkt [DT99].

Sind die Datensätze erst einmal in ein Bild umgesetzt worden, kann man nicht, wie bei anderen Verfahren, den Wert eine beliebigen Variable ablesen wie bei anderen Verfahren. Es ist nicht möglich, zu sagen, welche Ikone Durchschnitts- und welche Extremwerte repräsentiert [WB01]. Dazu sind Zusatzinformationen nötig, z.B. auf welches Merkmal welche Variable mit welchem Skalierungsfaktor abgebildet ist. Dann läßt sich der Wert abschätzen, aber immer noch nicht exakt ablesen, dafür sind die Ikonen einfach nicht gemacht. Um dieses Manko auszugleichen, könnte man ergänzende Visualisierungsverfahren einsetzen. Begrenzt wird die Einsatzmöglichkeit auch durch die kleine Anzahl von Variablen, die auf ein solches Chernoff-Gesicht abgebildet werden können. Hinzu kommt, daß bei der Darstellung von vielen Datensätzen eine Textur entsteht und die Attribute des Einzelgesichts verloren gehen. Will man dies nicht, muß auch die Datensatzanzahl begrenzt werden.

Die von Chernoff vorgeschlagenen Gesichtsikonen sind symmetrisch und können nur 15 Variablen kodieren, was sehr wenig ist. Untersuchungen der Augenbewegungen haben gezeigt, daß Menschen, sobald sie eine Hälfte eines symmetrischen Objektes erfaßt haben, die andere Hälfte vernachlässigen. Die Performanz leidet dabei nicht. Als Konsequenz ergibt sich eine 50% Datenredundanz in den Chernoff-Gesichtern. Um dieses Potential zu nutzen, wurde die Idee der Asymmetrie eingebracht [FR81]. Dadurch wird Anzahl der abbildbaren Variablen verdoppelt. Das Gegenüberstellen zweier unterschiedlicher Datensätze fällt leichter: der eine wird auf die eine Gesichtshälfte kodiert, der andere auf die zweite. Sie liegen nebeneinander und können direkt verglichen werden. Selbes gilt für das Sortieren. Einziger Punkt zur Kritik hier: ein asymmetrisches Gesicht widerspricht unsere täglichen Erfahrung, könnte durch die entstehende Irritation, auch wenn diese nicht bewußt ist, das Ergebnis etwa eines Klassifikationsprozesses ungewollt beeinflussen. Als zweite Erweiterung wurde vorgeschlagen, die Merkmale einer kompletten Strichmännchenfigur mit Variablen zu belegen.

Da Chernoffs Ansatz stark auf der Annahme beruht, daß die menschliche Wahrnehmung besondere Mechanismen zur Verarbeitung von Gesichtern verwendet, soll dies hier noch mal Thema werden. Diesen Aspekt haben einige Untersuchungen auszuleuchten versucht, zum Teil mit unterschiedlichen Ergebnisse. Dazu kam es, weil nicht alle das gleiche Ziel und die gleiche Durchführungsart hatten, somit keine direkten Vergleiche und undifferenzierten Schlußfolgerungen gemacht werden dürfen. Es hat sich jedoch gezeigt, daß die Annahme von Chernoff, die Merkmale eines Gesichtes würden präattentiv verarbeitet und somit eine augenblickliche, parallele Verarbeitung stattfinden, nicht in allen Punkten stimmt. In [MPR] wird dargelegt, daß die Wahrnehmung von Augengröße, Augenbrauen, deren Kombination und die Erkennung eines bestimmten Gesichts womöglich ein serieller Prozeß sei, also nicht präattentiv. Dies schließen die Autoren aus Testreihen mit 5 bis 50 Distraktoren und einem möglichen Zielreiz, den es innerhalb von 0,4 oder 2

Sekunden zu erkennen gilt (siehe Abb.6). Damit mache die Visualisierung mittels Chernoff-Gesicht keinen Gebrauch von präattentiven Prozessen und sei daher auch nicht effektiver als andere ikonenbasierte Techniken der Informationsvisualisierung. Die hier aufgezeigten Einschränkungen der Effektivität bei der Fehlerdetektion widersprechen nicht unbedingt den anderen Untersuchen, die gezeigt haben, daß die Chernoff-Gesichter bei der Visualisierung Vorteile bringen. Auch ist man sich heute immer noch nicht sicher, wie und vor allem auf welchen Merkmalen die menschliche Gesichtswahrnehmung beruht [MER96]. Weitere Testreihen werden von vielen Autoren forciert.

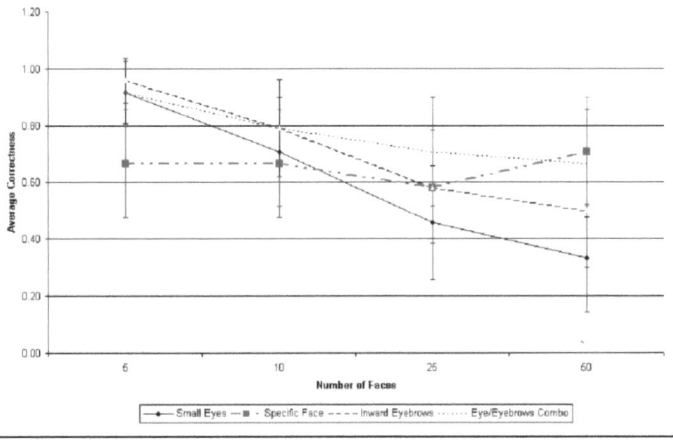

Abb.6: Versuchsergebnis legt bewußte Wahrnehmung nahe, nicht präattentive (Quelle: [MER])

# 6. Beurteilung & Schlußwort

Die eingangs gestellte Frage, ob Chernoffs Ansatz 'besser' als andere sei, soll hier abschließend beantwortet werden: Die Vorteile bei der Anwendung von Chernoff-Gesichtern liegt hauptsächlich in der Benutzerfreundlichkeit und leichteren Kommunikation komplexer Daten sowohl an den Nutzer als auch zwischen ihm und anderen. Wir haben gesehen, daß überschwenglicher Jubel auf diese Art der Datenrepräsentation nicht angebracht ist, weil es auch erhebliche, zum Teil dem Verfahren inhärente Probleme, gibt. Sie lassen sich am besten kompensieren, wenn gleichzeitig ergänzende Visualisierungsverfahren wie Scatterplots oder Tabellen mitgeliefert werden. Es formt sich also ein gemischtes Bild: Vor allem eignen sich Chernoff-Gesichter zur Trendanalyse, nicht so sehr zur Entscheidungsfindung (bei der Balkendiagramme und Tabellen genauso gut sind [DT99]).

Als Ausblick wäre eine Erweiterung des ursprünglichen Konzeptes über die zweite Dimension[18] hinaus denkbar und wünschenswert. Bisher sind die Ikonen statisch und damit limitiert. Mittels des Technologiefortschritts können heute viele Computer komplexe, multidimensionale Grafiken abbilden und damit der Informationsvisualisierung neue Möglichkeiten zur Verfügung stellen.

---

[18] [YU] und [DT99]

# 7.Quellennachweis

**[BA89]** Barnes, T.: *Summary of "The Effectiveness of Multidimensional Graphics as a Tool For Attention Directing Analytical Review"*, University of Waterloo, School of Accountancy, 1989

**[CE98]** Chuah, Mei C. & Eick, Stephen G.: *"Information Rich Glyphs for Software Management Data"*, IEEE Computer Graphics and Applications, July/August 1998

**[CH73]** Chernoff, Herman: *"The Use of Faces to Represent Points in k-Dimensional Space Graphically"*, Journal of the American Statistical Association, Volume 68, Number 342, Juni 1973

**[CS92]** Csinger, Andrew: *"The Psychology of Visualization"*, University of British Columbia, Department of Computer Science, November 1992

**[DI00]** Dickinson, Wendy B.: *"Enhanced Detection of Multivariate Outliers Using Algorithm-Based Visual Display Techniques"*, paper presented at the annual meeting of the American Educational Research Association (New Orleans, LA, April 24-28, 2000)

**[DT99]** Dull, Richard B. & Tegarden, David P.: *"A Comparison of Three Visual Representations of Complex Multidimensional Accounting Information"*, Journal of Information Systems, Vol. 13, Issue 2, Fall 1999

**[EN95]** Englberger, Hermann: Diplomarbeit *"Computergestützte Informationsvisualisierung"*, Technische Universität München, Fakultät für Informatik, 15. November 1995

**[FR81]** Flury, B. & Riedwyl, H.: *"Graphical representation of multivariate data by means of asymmetrical faces"*, Journal of the American Statistical Association, Volume 76, Number 376, 1981

**[GE93]** Geßler, J. R.: *"Statistische Graphik"*, Birkhäuser, Basel, 1993

**[GO97]** Goldstein, E. Bruce: *"Wahrnehmungspsychologie: Eine Einführung"*, Spektrum Verlag, Heidelberg, 1997

**[KO99]** Koboltschnig, Rose-Gerd: *Skriptum zur Vorlesung Explorative Datenanalyse, Wintersemester 1999/2000,* Universität Klagenfurt, Institut für Mathematik, http://www-stat.uni-klu.ac.at/Lehre/VO-EDA-WS99/eda/eda.html

**[McG]** McGoun, Elton G.: *"Individuals, Images, and Investments"*, Bucknell University, Department of Management

**[MER]** Morris, C. J. & Ebert, D. S. & Rheingans, P.: *"An Experimental Analysis of Features in Chernoff Faces"*, University of Maryland Baltimore County, Baltimore

**[PG88]** Pickett, Ronald M. & Grinstein, Georges G.: *"Iconographic Display for Visualizing Multidimensional Data"*, Proceedings of IEEE International Conference on Systems, Man and Cybernetics, Beijing and Shenyang, 1988

**[SM00]** Schumann, Heidrun & Müller, Wolfgang: *"Visualisierung: Grundlagen und allgemeine Methoden"*, Springer Verlag, Berlin, 2000

**[SP]** Spears, William M.: *"An Overview of Multidimensional Visualization Techniques"*, Naval Research Laboratory, Washington, DC

**[SS97]** StatSoft, Inc.: *"Selected Topics in Graphical Analytic Techniques"*, 1997
http://www.statsoftinc.com/textbook/stgraph.html

**[ST96]** Smith, Malcom & Taffler, Richard: *"Improving the Communication of Accounting Information through Cartoon Graphics"*, Accounting, Auditing & Accountability Journal, Volume 9, Number 2, 1996

**[TU83]** Tufte, Edward R.: *"The Visual Display of Quantitative Information"*, Graphics Press, Cheshire, Connecticut, 1983

**[WA79]** Wainer, Howard: *"Some Support Evidence for Accurate Multivariate Perceptions with Chernoff Faces"*, Bureau of Social Science Research Inc., Washington, DC, Januar 1979

**[WB01]** Wojciech Basalaj: *"Multivariate Visualization Techniques"*, 27. Jan 2001,
http://www.pavis.org/essay/multivariate_visualization_techniques.html#SECTION003620

**[YU]** Yu, Chong Ho: *"Visualization Techniques of Different Dimensions"*, Arizona State University, Division of Psychology in Education